Mit herzlichen Segenswünschen

zur Taufe Ihres Kin

Elias Wilke

ge oren am 10.01.2021

am 26.09.2021 in er Margarethenki zu Kierspe

Ihr

Taufspruch

Ich danke dir dafü lass ich wundert macht bin;
wunderbar sind dei Werke; das erke meine Seele.

salm 139,14

Wolfgang Dorp / Ernst Edelmann

Ich habe dich bei deinem Namen gerufen

Taufe und Patenamt erklärt

Agentur des Rauhen Hauses Hamburg

Herzlichen Glückwunsch

Ein Kind wurde getauft. Die Taufe wurde im Gottesdienst und anschließend im Familienkreis gefeiert. Sicher wird Ihnen dieser Tag in guter Erinnerung bleiben. Bestimmt werden Sie sich auch noch an den Tag erinnern, an dem Sie zum ersten Mal über diese Taufe nachgedacht haben. Der Wunsch, die Verantwortung für die christliche Erziehung zwischen Eltern und Paten zu teilen, drückt großes Vertrauen aus.

Eine Patenschaft kann eine vertrauensvolle Beziehung vertiefen, indem sich Pate und Eltern für das Kind gemeinsam verantwortlich wissen und sich Gedanken über dessen Erziehung machen. Patin oder Pate zu sein ist eine schöne, eine ehren- und verantwortungsvolle Aufgabe, aber damit verbunden stellen sich auch weitere Überlegungen ein: Welche Erwartungen werden an die Paten und die Eltern gestellt? Haben die Eltern ihre Vorstellungen klar und deutlich geäußert? Was bedeutet das Versprechen, für die christliche Erziehung zu sorgen? Welche Erwartungen wird das Patenkind selbst einmal haben? Wie eng kann der Kontakt zu dem Patenkind sein?

Eine Reihe von Fragen, die jetzt noch unbeantwortet im Raum stehen. Sie werden sich bald damit auseinandersetzen müssen. Vielleicht können die Überlegungen dieses Büchleins, auch für Gespräche zwischen Paten und Eltern, eine Hilfe sein.

Das Patenamt innerhalb der Kirche

Das Patenamt hat seinen Ursprung in den Anfängen der christlichen Kirche, zu einer Zeit also, als noch fast ausschließlich Erwachsene getauft wurden. Diese mussten vor der Taufe einen Unterricht besuchen, in dem ihnen die wichtigsten Inhalte des christlichen Glaubens vermittelt wurden.

Da das Christentum zu jener Zeit im Römischen Reich noch nicht anerkannt war und es immer wieder zu Christenverfolgungen kam, bedeutete ein solcher Schritt eine wohlüberlegte Entscheidung. Der Taufbewerber musste sich über die Konsequenzen und Gefahren des Christseins klar werden. Auch für die christliche Gemeinde, die weitgehend im Verborgenen bleiben musste, war das Hinzukommen neuer Täuflinge nicht ungefährlich. Deshalb ging man dazu über, bei der Taufanmeldung Bürgen (Paten) zu fordern, die die Verantwortung für den Täufling übernahmen. Diese Bürgen hatten zu bezeugen, dass der Taufbewerber die Taufe ernsthaft und aufrichtig wünschte, und sie sollten gleichzeitig die christliche Gemeinde vor Scheinchristen und staatlichen Spitzeln schützen. Nur besonders vertrauenswürdige Personen wurden für das wichtige und mit hohem Ansehen verbundene Amt eines Bürgen erkoren.

Als die Kirche ab dem 4. Jahrhundert dazu überging, kleine Kinder aus christlichen Familien zu taufen, hielt sie am Patenamt fest, wobei sich jedoch die Aufgaben des Paten veränderten. Er brauchte zukünftig keine Bürgschaft mehr für den Täufling zu übernehmen, sondern sollte die Eltern bei der Weitergabe des christlichen Glaubens an das Kind unterstützen. So kam das Patenamt als feste Einrichtung in die Kirche und hat durch alle Zeiten hindurch seinen Sinn und wichtigen Stellenwert behalten.

DER
HER
IST
ME
HIR

Dankgebet

Herr, unser Gott,
Ursprung allen Lebens,
wie deutlich wird uns
an der Geburt dieses Kindes,
welches Wunder das Geschenk des Lebens
für uns ist.

Wir wollen dir dafür danken,
weil unser Dank
am besten ausdrückt,
wie wir gestaunt haben,
wie wir angerührt waren,
vom Geheimnis des Lebens.

Wir danken dir,
weil du unser Leben hältst und halten wirst,
weil du auch das Leben
dieses Kindes tragen willst,
mit deiner Kraft und deinem Segen.

Und wir danken dir,
nicht nur indem wir es dir sagen,
wir wollen dir auch danken,
indem wir mit unserer Kraft
für dieses Kind dasein wollen.
Wir wollen zu den Menschen gehören,
die für das Kind in besonderer Weise sorgen.
Was ist unsere kleine Kraft ohne deine Kraft,
was ist unsere Liebe ohne deine Liebe?

Lass uns miteinander leben,
in dem Vertrauen auf dein Wort:
„Ich bin bei euch alle Tage
bis an der Welt Ende."

Amen.

Der Taufgottesdienst

Die Taufe wird im Rahmen einer gottesdienstlichen Feier vollzogen. Ein Gottesdienst kann uns daran erinnern, dass wir unser Leben nicht uns selbst, sondern Gott, unserem Schöpfer, verdanken. An der Taufe eines Kindes wird deutlich, dass ihm Gottes Liebe gilt, lange bevor es selbst etwas für Gott tun kann. Es kann hilfreich sein, sich noch einmal den Taufgottesdienst in Erinnerung zu rufen. Seine wesentlichen Elemente sind sehr alt. Ihre Aussagen sind nicht einer bestimmten Mode oder Zeitströmung unterworfen, sondern haben Gültigkeit und Bestand. Sie sprechen uns heute ebenso an wie die Menschen damals.

Und sie brachten Kinder zu ihm,
damit er sie anrühre. Die Jünger
aber fuhren sie an.
Als es aber Jesus sah, wurde er
unwillig und sprach zu ihnen:
Lasst die Kinder zu mir kommen
und wehret ihnen nicht; denn
solchen gehört das Reich Gottes.
Wahrlich, ich sage euch: Wer das
Reich Gottes nicht empfängt wie
ein Kind, der wird nicht
hineinkommen.
Und er herzte sie und legte die
Hände auf sie und segnete sie.

Markus 10,13-16

Lasst die Kinder zu mir kommen

Diese Worte des Markus-Evangeliums stimmen nachdenklich und beeindrucken immer wieder. Sind wir nicht oft der Ansicht, mit kleinen Kindern könne man noch nicht viel anfangen? Sie müssen erst einmal etwas lernen, erwachsen werden. Kinder haben ja noch gar keine Ahnung vom Leben, Kinder kosten Nerven, sie stehlen einem die Zeit. So dachten jedenfalls Jesu Freunde, die die unliebsamen Ruhestörer einfach wegschicken wollten.

Jesus war da anderer Meinung. Er sagt: „Wenn ihr nicht werdet wie die Kinder, werdet ihr nicht in das Reich Gottes kommen." Damit

wollte er zum Ausdruck bringen, dass Kinder Erwachsenen oft viel voraus haben. Man muss sich die Kinder nur aufmerksam betrachten, wie unbefangen und natürlich sie sind. Sie überlegen nicht erst lange, sondern sagen frei heraus, was sie denken. Sie spielen gern und bewegen sich ungezwungen. Sie können sich von Herzen freuen und lachen, aber auch weinen, wenn sie traurig sind. Erwachsene haben dies oft verlernt. Ebenso auch das uneingeschränkte Vertrauen, das Kinder ihren Eltern gegenüber haben. Man kann sich gut vorstellen, dass Jesus zu den erstaunten Jüngern sagte: „Wenn ihr zu Gott doch auch ein solches Verhältnis hättet wie diese Kinder zu ihren Eltern!"

Das ist eine ganz neue Blickrichtung. Ein Kind als Vorbild, von dem Eltern und Paten etwas Wichtiges lernen können. Derartige Erfahrungen sind als eine Bereicherung für das Leben der Eltern und Paten gewünscht.

Das Glaubensbekenntnis

Ich glaube an Gott, den Vater,
den Allmächtigen, den Schöpfer
des Himmels und der Erde.
Und an Jesus Christus,
seinen eingeborenen Sohn,
unsern Herrn,
empfangen durch den Heiligen Geist,
geboren von der Jungfrau Maria,
gelitten unter Pontius Pilatus,
gekreuzigt, gestorben und begraben,
hinabgestiegen in das Reich des Todes,
am dritten Tage auferstanden
von den Toten,

aufgefahren in den Himmel,
er sitzt zur Rechten Gottes,
des allmächtigen Vaters,
von dort wird er kommen,
zu richten die Lebenden und die Toten.
Ich glaube an den Heiligen Geist,
die heilige christliche Kirche,
Gemeinschaft der Heiligen,
Vergebung der Sünden,
Auferstehung der Toten
und das ewige Leben.

Amen.

Dieses Glaubensbekenntnis ist aus einem römischen Taufbekenntnis entstanden. Die erwachsenen Taufbewerber sprachen es unmittelbar vor der Taufe. Es enthält die wichtigsten Aussagen des christlichen Glaubens. Wenn Eltern und Paten dieses Bekenntnis gemeinsam bei der Taufe gesprochen haben, brachten sie damit zum Ausdruck, dass der christliche Glaube auch für dieses Kind maßgeblich sein soll.

Vor der Taufe wurde Wasser in eine Taufschale eingegossen. Wasser gebrauchen wir täglich, ohne darüber nachzudenken, wie kostbar und lebensnotwendig es ist. Ohne Wasser entsteht und besteht kein Leben.

Deshalb ist das Wasser ein schönes Zeichen für das neue Leben, das Gott geschenkt hat und auch erhalten will. Das Wasser ist das Zeichen der Taufe. Hinzu kommt Gottes Auftrag und Befehl, alle, die zu ihm gebracht werden, zu taufen.

Mir ist gegeben alle Gewalt
im Himmel und auf Erden.
Darum gehet hin
und machet zu Jüngern alle Völker:
Taufet sie auf den Namen des Vaters
und des Sohnes und des heiligen Geistes
und lehret sie halten alles,
was ich euch befohlen habe.
Und siehe, ich bin bei euch alle Tage
bis an der Welt Ende.

Matthäus 28,18-20

Begründung der christlichen Taufe

Diese Worte Jesu sind die Begründung für die christliche Taufe. Sie machen deutlich, dass die Taufe nicht nur auf dem Wunsch der Eltern beruht, das Kind taufen zu lassen, sondern dass die Kirche hier im Auftrag Jesu handelt. Sie hat auch die Verantwortung zu tragen, dass das Kind das erfährt, was Jesus verkündigt hat.

Dieses Wissen kann die Paten ein Stück entlasten, denn sie stehen mit den Eltern bei der christlichen Erziehung des Kindes nicht allein da. Die Kirche will an dieser Stelle unterstützen. Sie versucht bereits im Kindergarten, später in der Schule und schließlich im Konfirmandenunterricht, dem Kind die wichtigsten Glaubensinhalte zu vermitteln. Gerade die ersten Erfahrungen im Leben eines Kindes sind sehr entscheidend und prägend – aber auch später kann die persönliche Einstellung der Eltern und Paten zur Kirche und zum Glauben für das Kind richtungweisend werden.

Wenn Jesus sagt: „Lehret sie halten alles, was ich euch befohlen habe", dann bedeutet dies, dass das Kind nach seiner Taufe auch all das erfahren und kennen lernen soll, was für den christlichen Glauben wichtig ist.

Schließlich kann sich jeder, der getauft ist, auf die Zusage Jesu verlassen: „Siehe, ich bin bei euch alle Tage bis an der Welt Ende." Diese Zusage gilt das ganze Leben lang. Da kann kommen, was will: Gott hat in der Taufe „Ja" gesagt, und er steht zu diesem „Ja". Darauf können wir uns verlassen.

Schön, wenn man sich gegenseitig an diese Zusage erinnert und darauf vertrauen kann.

Das Kind wurde „im Namen des Vaters und des Sohnes und des Heiligen Geistes" getauft. Weil Christus Mensch wurde, weil Gott ihm nach seinem Tod am Kreuz neues Leben schenkte, deshalb taufen wir in seinem Namen mit der Hoffnung, dass Gott unser Vater ist und dass wir die Kraft seines Geistes in unserem Leben erfahren können.

Ist Gott für uns, wer kann wider uns sein?
Der auch seinen eigenen Sohn
nicht verschont hat,
sondern hat ihn für uns alle
dahingegeben – wie sollte er uns mit ihm
nicht alles schenken?
Wer will uns scheiden
von der Liebe Christi?
Trübsal oder Angst oder Verfolgung
oder Hunger oder Blöße oder Gefahr
oder Schwert?
Ich bin gewiss,
dass weder Tod noch Leben,
weder Engel noch Mächte
noch Gewalten, weder Gegenwärtiges
noch Zukünftiges, weder Hohes
noch Tiefes noch eine andere Kreatur
uns scheiden kann von der Liebe Gottes,
die in Christus Jesus ist, unserm Herrn.

Römer 8,31-32+35,38-39

Aufnahme in die Kirche

Der Name des Kindes wurde bei der Taufe zusammen mit dem Namen Gottes genannt. Zwischen ihm und Gott ist durch die Taufe eine besondere Beziehung entstanden. „Eingliederung in den Leib Christi", so wird es im Neuen Testament umschrieben, „Aufnahme in seine Kirche" sagen wir. Durch die Taufe besteht eine Verbindung zwischen Gott und Mensch, an die der Täufling immer wieder anknüpfen kann.

Der Taufspruch

Den Taufspruch dürfen wir als persönlichen Zuspruch verstehen, der den Täufling durch sein Leben hindurch begleitet. Es wird immer wieder Situationen geben, in denen ihm dieser Zuspruch wichtig werden kann.

Dass wir auf solche guten Worte angewiesen sind, darauf möchte uns der Segen hinweisen, der im Anschluss an die Taufe über dem Kind gesprochen wird. Er bringt zum Ausdruck, dass Gott das Kind auf seinem Lebensweg behüten und beschützen und in der Gemeinschaft der Christen erhalten möchte.

Taufsprüche aus dem Alten Testament

Der Herr ist mein Hirte, mir wird nichts mangeln. Psalm 23,1

Ich will dich segnen und du sollst ein Segen sein.
1. Mose 12,2

Des Herrn Wort ist wahrhaftig und was er zusagt, das hält er gewiss. Psalm 33,4

Bei dir ist die Quelle des Lebens und in deinem Licht sehen wir das Licht.
Psalm 36,10

Befiehl dem Herrn deine Wege und hoffe auf ihn. Er wird's wohl machen.
Psalm 37,5

Lobe den Herrn, meine Seele, und vergiss nicht, was er dir Gutes getan hat.
Psalm 103,2

Dein Wort ist meines Fußes Leuchte und ein Licht auf meinem Weg. Psalm 119,105

Fürchte dich nicht, denn ich habe dich erlöst; ich habe dich bei deinem Namen gerufen; du bist mein!
Jesaja 43,1

Taufsprüche aus dem Neuen Testament

Freut euch, dass eure Namen im Himmel geschrieben sind.
Lukas 10,20

Siehe, ich bin bei euch alle Tage bis an der Welt Ende!
Matthäus 28,20

Selig sind die Friedfertigen; denn sie werden Kinder Gottes heißen. Matthäus 5,9

Glaube, Hoffnung, Liebe, diese drei; am größten aber unter diesen ist die Liebe.
1. Korinther 13,13

Selig sind, die nicht sehen und doch glauben.
Johannes 20,29

Alle Dinge sind möglich, dem der da glaubt! Markus 9,23

Ich bin der Weg, die Wahrheit und das Leben; niemand kommt zum Vater, denn durch mich.
Johannes 14,6

Nehmet einander an, wie Christus euch angenommen hat.
Römer 15,7

Erziehung im christlichen Glauben

Im Taufgottesdienst wurden Eltern und Paten gefragt, ob sie bereit sind, dafür zu sorgen, dass das Kind im christlichen Glauben erzogen werde.

Erziehung im Glauben, das ist ein hohes Ziel, so mögen Sie vielleicht denken. Können wir das überhaupt? Welche Möglichkeiten haben wir bei der Erziehung des Kindes? Was können wir dem Kind überhaupt sein?

Das Kind ist am Anfang ganz auf die Wärme, die Fürsorge und die Liebe, auf die Verlässlichkeit der Eltern angewiesen. Es macht schnell sichtbare Fortschritte. Es nimmt die Welt um sich herum Stück für Stück mehr wahr, fängt an, sie zu erkennen und zu begreifen, Gegenstände in die Hand und in den Mund zu nehmen. Es lernt dabei sich und die Welt kennen, vor allem durch die Menschen, die es umsorgen.

Durch die Eltern und Großeltern, durch die Geschwister, durch andere Menschen, die ins Haus kommen, erfährt es: Da sind Menschen, deren Nähe und Wärme, deren Stimme, deren Wohlwollen mir zeigen, dass sie es gut mit mir meinen. Ich kann mich auf sie verlassen, ich kann Vertrauen fassen. Je älter das Kind wird, desto mehr braucht es neben seinen Eltern und Geschwistern Menschen, die ihm helfen, dieses Vertrauen zu festigen und zu erweitern.

Paten und ihr Patenkind

Paten können dazu beitragen. Sie können versuchen, eine Beziehung zu ihrem Patenkind zu begründen, ihm mit ihren Erfahrungen, ihrer Einstellung zum Leben, ihren Hoffnungen und Ängsten zur Seite zu stehen.
Wäre es nicht schön, wenn Paten ihm auf diese Weise, mit ihren Stärken und Schwä-

chen, ein Vorbild würden, an dem ihm klar wird: So kann ich mein Leben vielleicht auch einmal bestehen. So ist es vielleicht auch mir einmal möglich, meinen Glauben zu leben.

Für beide, für die Paten und ihr Patenkind, wäre eine solche Beziehung wünschenswert. Wenn das gelingt, werden vermutlich eine Menge Fragen auf die Paten zukommen. Sicher wird das Kind eines Tages fragen: „Bin ich auch getauft?", wenn es beispielsweise die Taufe eines Geschwisterchens miterlebt. Später wird es vielleicht fragen: „Warum habt Ihr mich getauft?"

Jede dieser Fragen kann zum Anlass werden, vom eigenen Glauben zu sprechen, von den Hoffnungen, die Paten für sich haben, und darüber, was diese für ihr Patenkind erhoffen. Vielleicht erwähnen sie ihre Dankbarkeit über das neue Leben. Vielleicht erzählen sie, dass sie ihr Patenkind als ein Geschenk Gottes betrachten, von ihm so gemeint, wie es ist, und von ihm geliebt. Vielleicht erzählen sie auch von dem Wunsch, dieses Kind im Namen Gottes taufen zu lassen, von der Hoffnung, die die Verheißung der Taufe – „Siehe, ich bin bei euch alle Tage bis an der Welt Ende" – hervorgerufen hat. Vielleicht erzählen sie von ihrer Zuversicht, dass der Lebensweg dieses Kindes ein Ziel haben wird und den Sinn, Gottes Liebe im eigenen Leben wirksam und erkennbar werden zu lassen.

Wenn Paten von all dem erzählen, dann wird dem Patenkind deutlich, dass es wichtig ist, sich an die Taufe zu erinnern, dass sie für unser ganzes Leben von Bedeutung ist.

Durch einige praktische Dinge können Paten die Taufe wieder in Erinnerung rufen. Sie könnten zum Geburtstag oder besser noch zum Tauftag ein illustriertes Kindergebetbuch schenken, später vielleicht eine Kinderbibel. Sie könnten die Möglichkeit wahrnehmen, mit den Eltern über die Wahl des Kindergar-

tens zu reden, über Fragen der Erziehung, über den Besuch des Kindergottesdienstes.

Die meisten Eltern sind dankbar, wenn sie merken, dass sie bei der wichtigen Aufgabe der religiösen Erziehung nicht allein stehen. Sie könnten mit ihrem Patenkind die Themen des Konfirmandenunterrichts aufnehmen und besprechen. Sie könnten als Wegbegleiter rechtzeitig das Fundament legen, damit der vertrauensvolle Austausch auch über die Konfirmation hinaus noch erhalten bleibt, auch wenn das Amt des Paten mit dem Tag der Konfirmation beendet ist.

Vielleicht versuchen die Paten auch, für ihr Patenkind zu beten, wann immer sie in eine Kirche kommen, wann immer sie Ruhe finden. Vielleicht versuchen sie, vor Gott besonders an diesen Menschen zu denken und Gottes Segen für ihn zu erbitten.

Sicher zeichnet sich jetzt ein wenig klarer ab, welche Rolle Paten übernehmen. Es stecken viele Chancen in dieser Aufgabe.

Taufe hat mit Glauben zu tun

Taufe hat mit Glauben zu tun. Wenn wir Kinder taufen, so tun wir das im Glauben und im Vertrauen darauf, dass Gott in der Taufe dieses Kind zu seinem Kind erklärt, dass er will, dass dieses Kind ein fröhlicher Christ wird, ein Mensch mit Rückgrat, der weiß, worauf es ankommt.

In einem Bild wurde es einmal so ausgedrückt: Gott streckt in der Taufe seine Hand für ein Kind aus. Eines Tages soll dieses Kind – aus eigener Überzeugung – in seine Hand einschlagen.

Gott wartet darauf, dass das Kind ihm einmal glaubt und vertraut. Dabei können Eltern und Paten helfen, und dabei ist ihr Glaube wichtig und nötig. Vielleicht haben diese schon einmal den Satz gehört oder sogar selbst gebraucht: „Glauben heißt nicht wissen."

Dieser Satz ist richtig und falsch zugleich. Falsch ist er dann, wenn er mit dem Glauben eine Ahnungslosigkeit, ein Ausschalten jeglichen Denkens und jeglicher Kritik verbindet. Menschen, die glauben, zeichnet oft genau das Gegenteil aus: leidenschaftliches Fragen nach den Zusammenhängen in der Schöpfung, Umgetriebensein von den Problemen, die die ganze Menschheit angehen und bedrohen.

Im Glauben steckt ein tief verwurzeltes Vertrauen, und damit hat er oft allem Wissen gegenüber einen Vorsprung. Ein Beispiel soll dies verständlich machen: Wenn jemand zu einem Menschen sagt: „Ich glaube dir, ich vertraue dir", liegt in diesen Worten immer ein Vorschuss an Vertrauen, weil er diesen Menschen, möge er ihm noch so nahe stehen, doch nicht bis in den letzten Winkel seines Denkens und Fühlens kennen wird.

Ein Teil von ihm wird immer unentdeckt bleiben. Und doch kann er sagen, gleichsam wie im Vorgriff: „So, wie ich dich kennen gelernt habe, bietest du mir Grund genug, darauf zu vertrauen, dass du es gut mit mir meinst." Wenn man es so sieht, können Menschen wohl kaum ohne Glauben und Vertrauen zusammenleben.

Menschen, die versuchen Christen zu sein, werden in besonderer Weise Vertrauen ins Leben fassen, weil sie sich in einem letzten

Grund geborgen wissen, in Gott. Ein Christ kann deshalb sagen: „Ich glaube daran, dass mein Leben, dass mein Tun einen Sinn hat. Ich vertraue darauf, dass diese Welt und das Leben auf ihr kein Zufallsprodukt ist, sondern ein Ziel hat, so wie mein Leben ein Ziel hat, das von Gott bestimmt ist."

Wenn Sie gefragt werden, was Ihnen das Christsein bedeutet, würden Sie möglicherweise ähnlich antworten: „Mein Leben ist gewollt. Ich bin kein Zufallsprodukt. Ich bin ein eigener Mensch und keine Nummer, kein Tropfen im Meer der Namenlosigkeit."

Wer so von sich und seinem Glauben redet, der spricht ein Bekenntnis aus. Er sagt, wie er Gott und wie er sich versteht. Das Wort Bekenntnis wird Ihnen in diesem Zusammenhang vielleicht zu anspruchsvoll erscheinen.

Ein Bekenntnis ablegen – in welchen Zusammenhängen tun wir das eigentlich noch? Es geschieht heute schon da, wo jemand sagt: „Ja, ich gehe in die Kirche", oder: „Ich glaube an ein Wesen über mir."

Das mag uns wenig vorkommen, zu wenig, wenn wir an das Bekenntnis denken, das wir im Gottesdienst sprechen, und das auch bei

der Taufe gesprochen wird. Da wird von Gott, dem Schöpfer, geredet, Gott, dem Sohn, und Gott, dem Heiligen Geist.

Von Gott reden heißt:

Jemand hat das Glaubensbekenntnis einmal mit einem Haus verglichen, das viele Zimmer hat. Ich kann nicht gleichzeitig in jedem Zimmer sein, aber alle Zimmer können mich dazu einladen, sie zu betreten und mich in ihnen umzuschauen, mich einzufinden, einen neuen Raum für mich zu gewinnen. So können wir auch das Apostolische Glaubensbekenntnis betrachten. Es will uns zu einem „Mehr" ermutigen. Wir sollen erkennen, dass Gott mehr ist als eine Unbekannte im großen Weltgeschehen. Von Gott reden heißt zugleich auch von uns selbst reden.

Wenn wir Gott als den Schöpfer und den Vater aller Menschen anerkennen, dann wissen wir, wem wir unser Leben verdanken.
Wenn wir von Gott als dem Gekreuzigten und Auferstandenen reden, dann bedeutet es für uns, dass wir unsere Augen nicht davor zu verschließen brauchen, dass unser Leben nicht immer gradlinig verläuft, dass unsere Vorstellungen durchkreuzt werden können, dass wir Vergebung brauchen, Trost und Zuspruch. Und wenn wir von Gott als dem Geist reden, dann erinnern wir uns daran, dass unser Leben Inspiration benötigt, einen, der unsere Hoffnung lebendig hält, dass wir eine verlässliche Gemeinschaft gegen die Vereinzelung brauchen.
Betreten wir doch einmal die neuen Räume, die uns das Glaubensbekenntnis öffnet. So wird es vielleicht gelingen, auch dem Kind zu einem Weg in dieses Haus zu verhelfen. Möge dieses Büchlein dazu Mut machen.

Frère Roger aus Taizé hat es einmal so ausgedrückt: „Lebe das vom Evangelium, was du davon verstanden hast, und sei es noch so wenig." Eltern, Paten und dem Patenkind sei Gottes Segen gewünscht. Mögen sie Gottes Liebe und Freundlichkeit in ihrem Leben immer wieder neu erfahren.

Fürchte dich nicht,
denn ich habe dich erlöst;
ich habe dich bei deinem Namen gerufen;
du bist mein!

Jesaja 43,1

Die Autoren

Wolfgang Dorp, geboren 1950 in Solingen; Ausbildung zum Industriekaufmann, danach Besuch des Abendgymnasiums; ab 1975 Theologiestudium in Wuppertal, Heidelberg und Bonn; 1982 bis 1984 Vikariat in der Kirchengemeinde Hilden; 1984 bis 1985 Pastor im Hilfsdienst in der Kirchengemeinde Hoerstgen. Wolfgang Dorp ist seit 1985 Pfarrer in Swisttal.

Ernst Edelmann, geboren 1955 in Airlenbach; Abitur, Theologiestudium in Oberursel, Heidelberg und Bonn. 1981 bis 1983 Vikar in Siegburg; 1982 bis 1985 Pfarrer im Hilfsdienst in Swisttal. Ernst Edelmann ist seit 1985 Pfarrer in Swisttal und seit 2000 Pfarrer im Nebenamt beim Bundesgrenzschutz Swisttal-Heimerzheim.

Textnachweis

Umschlag: Jochen Klepper, Unter dem Schatten deiner Flügel
© 1956 Deutsche Verlags-Anstalt GmbH, Stuttgart

Bildnachweis

Titel/Seite 39:	Fischbeker Taufbecken, © Bernd Willeke
Seite 4:	© iStockphoto.com/JTGrafix
Seite 9:	© angieconscious/Pixelio.de
Seite 10:	© Colourbox.de
Seite 12:	© christine kükenshöner/Pixelio.de
Seite 13:	Melanchtonkirche, Hagen, Ausführung: Glasmalerei Peters, Paderborn
Seite 15:	© iStockhoto.com/middelveld
Seite 28:	Wachter, Ausführung: Glasmalerei Peters, Paderborn
Seite 31:	Sarah Hall, Thornhill United Church, Thornhill/ Ontario, Ausführung: Glasmalerei Peters, Paderborn
Seite 37:	© Annamartha/Pixelio.de
Seite 43:	Elof R. Herbert, Altarfenster, Johanneskirche, Wuppertal-Elberfeld
Seite 45:	© Sebastian Görner/Pixelio.de

AGENTUR
DES RAUHEN HAUSES
SEIT 1842

© Agentur des Rauhen Hauses Hamburg 2017
www.agentur-rauhes-haus.de
Gedruckt in Deutschland
ISBN 978-3-7600-0929-2 · Best.-Nr. 1 0929-2